Productores y Consumidores

William B. Rice

Asesora

Leann Iacuone, M.A.T., NBCT, ATC
Riverside Unified School District

Créditos de publicación

Rachelle Cracchiolo, M.S.Ed., *Editora comercial*
Conni Medina, M.A.Ed., *Gerente editorial*
Diana Kenney, M.A.Ed., NBCT, *Editora principal*
Dona Herweck Rice, *Realizadora de la serie*
Robin Erickson, *Diseñadora de multimedia*
Timothy Bradley, *Ilustrador*

Créditos de las imágenes: Portada, pág.1
Shutterstock; págs.10, 11 Courtney Patterson; pág.14
Dan Suzio / Science Source; págs.12, 16, 20, 21, 22
iStock; pág.14 Jim Zipp / Science Source; págs.28, 29 J.J.
Rudisill; págs.14, 15 Linda Freshwaters Arndt / Science
Source; pág.25 Paul Williams / Alamy; págs.14, 22 Sinclair
Stammers / Science Source; págs.22, 23 Timothy J.
Bradley; las demás imágenes cortesía de Shutterstock.

Teacher Created Materials

5301 Oceanus Drive
Huntington Beach, CA 92649-1030
http://www.tcmpub.com
ISBN 978-1-4258-4693-0

Contenido

Gira que gira

Los ciclos de la vida son algo de lo que podemos estar seguros. El invierno se acaba y la primavera aparece, pero sabemos que el invierno volverá. El agua se evapora y se convierte en vapor, y los lechos de los ríos se secan, pero sabemos que la lluvia volverá. Hay incendios e inundaciones, pero la vida renacerá.

La Tierra cambia permanentemente. ¡De hecho, el cambio es una constante que nunca falla!

Los ciclos son una parte básica de la vida. La vida en la Tierra se ha adaptado a los ciclos y cuenta con ellos. El ciclo del día y la noche. El ciclo de los inviernos fríos y los veranos cálidos. El ciclo de dormir y despertar. El ciclo de la vida y la muerte. Los ciclos son como círculos. No hay principio ni final. Un ciclo sigue un patrón y se repite sin cesar. Después del día viene la noche, y luego el día y luego la noche. Es así desde el inicio de la Tierra. Y mientras exista la Tierra y el sol, seguirá siendo de ese modo.

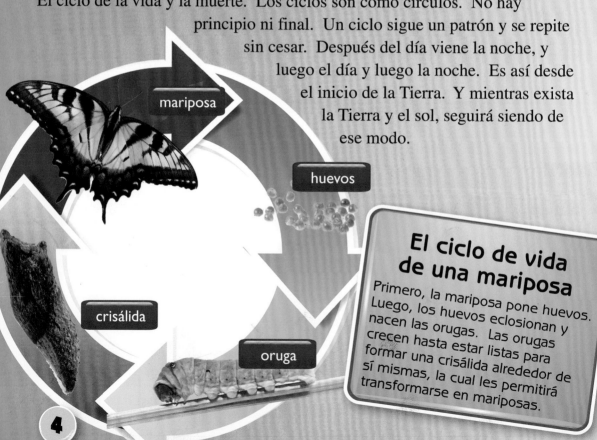

mariposa

huevos

crisálida

oruga

El ciclo de vida de una mariposa

Primero, la mariposa pone huevos. Luego, los huevos eclosionan y nacen las orugas. Las orugas crecen hasta estar listas para formar una crisálida alrededor de sí mismas, la cual les permitirá transformarse en mariposas.

Cómo funcionan los ciclos

Los ciclos se repiten. Para repetirse, un paso debe terminar cuando el otro comienza. Piensa en los ciclos de tu vida. ¿Cómo regresas al paso uno?

Cada fase de un ciclo **depende** de las otras fases. Cuenta con las demás partes del ciclo. Sin ellas, ninguna de las fases se produciría. Sin la primavera, no habría verano. Sin los **nutrientes** de las plantas, los animales no podrían vivir. Sin animales que nutran el suelo, las plantas nunca crecerían.

El **ciclo de los nutrientes** es fundamental para la vida. Permite que la materia y la **energía** se transmitan a los seres vivos. Continúa el flujo de la vida en la Tierra. El sol es la clave. La energía solar es el combustible del ciclo. La energía se transmite de una cosa a la otra. Incluso se transmite al entorno.

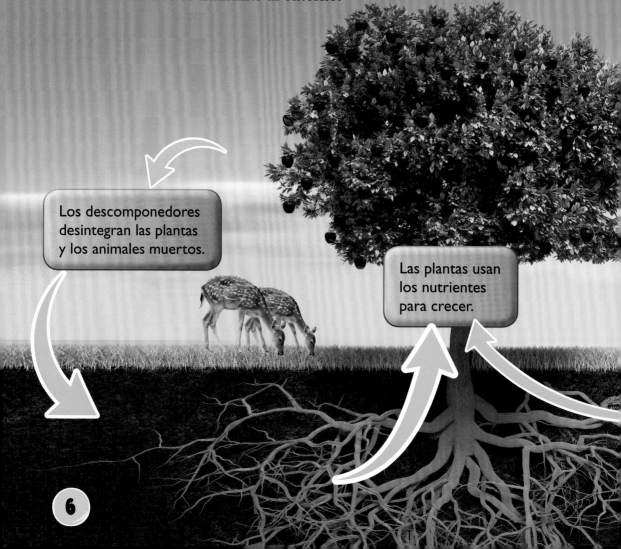

Los descomponedores desintegran las plantas y los animales muertos.

Las plantas usan los nutrientes para crecer.

Los **productores** de la Tierra producen alimento para sí mismos y para los consumidores. Producen su propio alimento a partir de sustancias simples y no vivas. Los consumidores obtienen los nutrientes de otros. Se comen a los productores y a otros consumidores. Los descomponedores y los productores usan los nutrientes de los consumidores.

El aire y el agua se absorben en el suelo.

Minerales y otros nutrientes son liberados en el suelo.

Las rocas se desintegran.

Productores

Un ciclo no tiene principio ni final. Pero para iniciar el debate, hay que empezar por algún lado. Por eso, empecemos con los productores.

En el ciclo de los nutrientes, los productores toman sustancias básicas no vivas y las usan para producir lo que necesitan para crecer y vivir. Producen los nutrientes por sí mismos. En otras palabras, producen su propio alimento. Para ello, necesitan la energía del sol.

La energía se **irradia** desde el sol todos los días. La Tierra recibe parte de esta energía. Hace que la vida en la Tierra sea posible. La energía calienta la tierra. También calienta los océanos y lagos. Las plantas reciben esta energía y la usan como ayuda para vivir. Usan esta energía para crecer. La usan para desarrollar los tallos, ramas y hojas, además de las flores y frutos. También producen el combustible que permite todo este crecimiento.

Debido a que las plantas producen, o elaboran, su propio combustible, se llaman *productoras*. Producen su combustible usando la energía solar.

Sabrosos tomates

Los tomates comienzan siendo verdes y crecen para convertirse en tomates rojos y maduros. Un suelo rico en nitrógeno es esencial para el crecimiento de sabrosos tomates. Sin nutrientes como el nitrógeno, las hojas se marchitarán y el fruto no madurará.

La energía que usamos

El sol irradia energía de muchas formas. La luz solar es una energía que podemos ver. La atmósfera de la Tierra bloquea casi todas las otras formas de energía que podrían ser dañinas para los seres vivos.

Un mundo verde

El proceso mediante el cual las plantas verdes producen su propio alimento se denomina **fotosíntesis**. *Foto* significa "luz". *Síntesis* significa "reunir". La fotosíntesis reúne los nutrientes mediante el uso de la luz.

La luz del sol le proporciona energía a las plantas. Las plantas absorben la luz solar usando la **clorofila**. La clorofila es una sustancia química que se encuentra en todas las plantas verdes. Absorbe la luz directamente del sol. La clorofila absorbe principalmente la luz roja y la luz azul. Pero podemos ver la luz verde que refleja.

Las plantas usan la energía del sol para realizar la fotosíntesis. Separan los átomos de hidrógeno del agua y forman sustancias nuevas. Las plantas usan estas sustancias y el dióxido de carbono del aire para formar glucosa.

Ecuaciones científicas

La ecuación $6CO_2 + 6H_2O$ + luz del sol $\rightarrow C_6H_{12}O_6$ + $6O_2$ demuestra cómo funciona la fotosíntesis. CO_2 es el dióxido de carbono, H_2O es el agua, $C_6H_{12}O_6$ es un azúcar conocido como *glucosa* y O_2 es el oxígeno. La ecuación significa que seis moléculas de dióxido de carbono se combinan con seis moléculas de agua y con la luz solar para producir una molécula de glucosa y seis moléculas de oxígeno.

luz solar

se libera oxígeno

dióxido de carbono

se forma la glucosa

agua

La glucosa es un azúcar simple que todos los seres vivos necesitan. Tiene mucha energía almacenada. Muchos de los alimentos que comemos tienen alguna forma de glucosa.

Las plantas almacenan la glucosa en las células. Cuando necesitan la energía para sus procesos vitales, entonces pueden usarla. Los animales consumen, o comen, las plantas y la glucosa que contienen. Los animales usan la energía de la glucosa para *sus* procesos vitales.

¿Hacen qué cosa?

Las nuevas sustancias que producen las plantas son el trifosfato de adenosina y la nicotinamida adenina dinucleótido fosfato de hidrógeno. ¡Vaya! Es mucho más fácil llamarlas por sus siglas en inglés, ATP y NADPH.

Raíces y brotes

Cuando observamos las plantas, parecen sencillas. Pero si las miramos más de cerca, vemos que las apariencias engañan. En general, podemos ver que están compuestas por dos partes principales. La parte por encima del nivel del suelo se denomina *sistema de brotes*. El sistema de brotes está compuesto por tallos, hojas, flores, frutos y semillas. El sistema por debajo del nivel del suelo se denomina *sistema de raíces*.

Las raíces crecen en el suelo oscuro y húmedo. Los brotes crecen en el aire seco y brillante. Las plantas necesitan los recursos que proporcionan cada uno de estos entornos.

Las plantas usan el sistema de brotes para obtener la luz solar y el dióxido de carbono del aire. Usan el sistema de raíces para obtener agua y minerales del suelo. El sol proporciona la energía que las plantas necesitan para producir alimento, células y **tejidos**.

Raíces diferentes

No todas las raíces son iguales. Existen dos tipos principales de sistemas de raíces.

Los sistemas de raíces fibrosas tienen muchas raíces, de casi el mismo tamaño, que se extienden hacia afuera y tienen raíces más pequeñas saliendo de las más grandes.

Los sistemas primarios tienen una gran raíz principal que va a lo profundo del suelo y varias raíces más pequeñas saliendo de la raíz primaria.

Estudiar los sistemas

El agua, el suelo y los nutrientes se absorben y fluyen a través de las diferentes partes de la planta.

hoja

flor

fruto

sistema de brotes

tallo

sistema de raíces

raíces

La conexión con los consumidores

Muchos animales comen las diferentes partes de las plantas. Algunos animales comen frutos y nueces. Otros comen hojas y tallos. Algunos animales beben el néctar de las flores.

Por fortuna, las plantas pueden volver a crecer y reconstituir esas partes que pierden. ¿Pero por qué permitirían las plantas que los animales se coman sus partes en primer lugar? ¿No desarrollaría alguna forma de protección para evitarlo? La verdad es que, cuando los animales se comen estas partes de una planta, de hecho la están ayudando. Funciona de la siguiente manera.

Ataque de excremento

El excremento, o el popó, de los animales se puede reconocer por su forma. La forma depende de lo que coma el animal.

El excremento de los animales que solo comen plantas tiene forma de bolita y está lleno de plantas terrestres.

El excremento de los animales que solo comen animales es estrecho en los extremos y contiene plumas o pelaje de animales.

El excremento de los animales que comen plantas y otros animales tiene diferentes formas y tamaños.

Cuando los animales beben el néctar, usualmente dispersan el polen de una flor a la otra. Esto fertiliza la flor y ayuda a la planta a producir semillas.

Los animales también ayudan a las plantas al comer sus frutos. Los frutos tienen semillas adentro. Cuando los animales comen el fruto, dejan caer algunas semillas al suelo. Luego, estas semillas crecen y se convierten en nuevas plantas.

Por último, al comer las hojas y los tallos, los animales procesan las sustancias de las plantas en el cuerpo. Cuando terminan ese proceso, se deshacen de las sustancias. ¿Cómo? Las dejan caer al suelo en su excremento. Luego, el excremento es transformado a sus sustancias básicas por los descomponedores. Entonces, las plantas retoman estas sustancias básicas por medio de las raíces. Y el ciclo continúa.

Obtener energía

Los animales no pueden usar la energía directamente del sol como lo hacen las plantas. No pueden producir los materiales básicos que el cuerpo necesita. No usan la energía del sol para obtener lo que el cuerpo necesita: respirar, moverse y eliminar los desechos.

Como ya sabemos, las plantas almacenan la energía en sus partes. También tienen nutrientes. Muchos animales deben comer plantas para permanecer vivos. Usan los materiales de las plantas para crecer y cuidar sus propios cuerpos. El proceso de comer plantas para obtener los nutrientes se denomina **consumo**. Los animales son consumidores. Consumen los nutrientes. Todos los animales son consumidores, incluidos los seres humanos.

Los animales necesitan nutrientes para crecer y mantener el cuerpo y los tejidos saludables. Los nutrientes están disponibles de muchas formas. Pero los animales han desarrollado dos métodos principales para obtener los nutrientes. Ambos implican la alimentación.

Redes alimentarias

Todos los seres vivos están interconectados. Si haces un dibujo para demostrar la manera en la que las diferentes plantas y los animales dependen unos de otros para obtener energía y nutrientes, ese dibujo luciría como una telaraña. Por eso, muchas personas usan el término *red alimentaria* para describir estas relaciones. Las redes alimentarias muestran cómo la energía se mueve por un ecosistema.

Tipos de consumidores

Una de las maneras en las que los animales obtienen nutrientes es comiendo diferentes partes de las plantas. Estos animales se denominan **herbívoros**. Los herbívoros pueden comer raíces, tallos, hojas, frutos, flores, néctar o semillas. Cada animal tiene sus preferencias. ¡Algunos se comen toda la planta!

La otra forma en la que los animales obtienen nutrientes es al comer otros animales. Estos animales se denominan **carnívoros**. Comen carne. Estos animales generalmente cazan y matan a su presa. Pero algunos carnívoros comen animales que otros animales han matado o que mueren de forma natural. Estos animales son **carroñeros**.

Muchos animales recurren a ambas formas para obtener los nutrientes. Comen plantas y otros animales. Estos animales se llaman **omnívoros**.

Los seres humanos somos animales. ¿Qué tipo de consumidores somos? Comemos plantas como zanahorias, guisantes, brócoli y maíz. También comemos muchos tipos de carne como pollo, pescado, cerdo y res. Ya que comemos plantas y animales, somos omnívoros. Otros omnívoros son los osos, cerdos, perros, zorros y tejones.

Las cebras tienen los dientes delanteros muy fuertes para comer el pasto y otras plantas.

Los dientes como herramientas

Los animales herbívoros, carnívoros y omnívoros se pueden reconocer por los dientes. ¿Qué tipo de dientes tienes?

erizo

ciervo

Los herbívoros tienen dientes amplios y planos, que los ayudan a triturar las plantas.

Los omnívoros tienen una variedad de dientes afilados y planos, que los ayudan a comer plantas y animales.

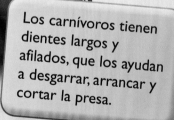

Los carnívoros tienen dientes largos y afilados, que los ayudan a desgarrar, arrancar y cortar la presa.

tigre

El flujo de la energía

La energía pasa del sol a las plantas. La energía y los nutrientes fluyen de las plantas hacia los animales. La energía y los nutrientes fluyen entre los animales también.

Todos los organismos tienen un ciclo de vida. Nacen, crecen, viven, se reproducen y con el tiempo, mueren. ¿Qué sucede con los cuerpos cuando mueren? Se **descomponen**, o se desintegran. Pero no se descomponen sin ayuda. Los carroñeros y los descomponedores ayudan en el proceso.

Una fiesta putrefacta

Los animales se descomponen de forma levemente diferente a como lo hacen las plantas. Mientras la descomposición de las plantas es relativamente fácil de ver, la descomposición animal se parece más a una película de terror. Carroñeros como los buitres y algunos gusanos se unen a la fiesta.

Los buitres pican los restos de un animal muerto.

Los gusanos devoran un salmón muerto.

Una palabra común para la descomposición es *putrefacción*.

Ningún organismo puede descomponer un organismo muerto sin ayuda. Los carroñeros suelen iniciar el proceso. Luego, los descomponedores, como las bacterias y los hongos, terminan el trabajo. Cada uno actúa en una parte diferente de un organismo en momentos distintos.

Imagina lo que sucedería si los descomponedores no actuaran sobre los organismos muertos. ¡La Tierra estaría cubierta de plantas y animales muertos! Todos los nutrientes estarían encerrados en los cuerpos de estos organismos muertos. Si ese fuera el caso, no se produciría vida nueva.

Descomposición

Las plantas están hechas de células individuales. Las paredes de las células están hechas de una sustancia fuerte llamada *celulosa*. La lignina es otra sustancia que se encuentra principalmente en las células de las plantas. Algunas partes de los animales y las plantas muertas demoran más en descomponerse que otras. La grasa, el azúcar y las proteínas se descomponen con rapidez y facilidad. Sin embargo, sustancias como la celulosa de las plantas, la lignina, los caparazones y los huesos de los animales se descomponen lentamente.

El humus se encuentra en todos los ecosistemas. Está hecho de seres vivos que han muerto. Está compuesto de las partes que han resistido la descomposición normal. Estas partes han alcanzado el punto de **estabilidad**. El humus no sufrirá más descomposición. Es una parte importante del suelo. Ayuda al suelo a conservar la humedad y los nutrientes.

Existen cuatro etapas clave en la descomposición. La primera es la lixiviación. Es el proceso mediante el cual los minerales son extraídos de los sólidos y convertidos en líquido. En la segunda etapa, el sólido comienza a descomponerse mientras libera la materia disuelta. En la tercera, se produce el humus. Por último, el humus toma la forma que las plantas pueden usar como nutrientes.

humus

¡Atención a las letras! El *hummus* es un refrigerio sabroso. El *humus* no lo es.

Una pared fuerte

La hemicelulosa es similar a la celulosa, pero con una estructura interna diferente. Ayuda a conformar la resistencia de la pared celular.

pared celular

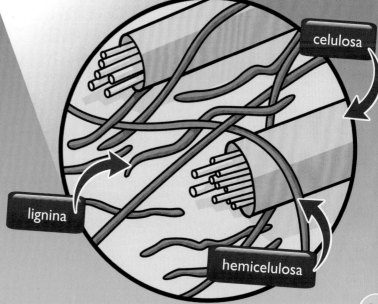

celulosa

lignina

hemicelulosa

Los descomponedores ayudan a los seres vivos al descomponer plantas o animales muertos. Producen nutrientes importantes para que las plantas vivas puedan usar. Los descomponedores también usan los productos de su trabajo y la energía de los seres no vivos para sus propios procesos. Son descomponedores y consumidores. Las bacterias, los hongos, los insectos y otros tipos de animales son descomponedores.

Las bacterias son organismos unicelulares. Se encuentran en el suelo. Algunas bacterias elaboran geosmina. Esta es una sustancia con un fuerte olor a "tierra". Es lo que le da al aire ese olor particular después de que llueve tras un largo período de sequía. Cuando la huelas, sabrás que la descomposición está en marcha.

Los hongos son tipos de organismos especiales. Incluyen el moho, la levadura y los champiñones. Los champiñones son los frutos de un organismo del suelo llamado *micelio*. El micelio puede ser muy pequeño. O puede esparcirse a lo largo de un área extensa.

Las lombrices son descomponedores comunes. Comen la tierra a su paso. Y dejan tras de sí una tierra rica en nutrientes. Esto permite que la tierra sea fuerte y saludable para el crecimiento de las plantas.

champiñones

El olor de la tierra que tantas personas disfrutan es, en realidad, el olor de la descomposición.

Hermosos cinturones marrones

Las bacterias, los hongos y las lombrices son descomponedores fundamentales. Son los que conforman la capa del ecosistema denominada "cinturón marrón" en el suelo. Consumen partículas de tierra y las descomponen en partículas todavía más pequeñas. Así, las plantas pueden usar los nutrientes.

Nuestra función

Todos los seres humanos cumplen una función en el ciclo de los nutrientes. ¡Nuestra función podría ser mucho más importante de lo que creemos! Más que cualquier otro ser vivo, los humanos tienen un impacto en el ciclo completo de muchas maneras.

Ser conscientes de nuestro entorno permite que disfrutemos más la vida. También determina cuán bien sobreviviremos y prosperaremos. Entender nuestro lugar como consumidores en el ciclo de los nutrientes forma parte de esta conciencia. Nuestras acciones impactan el mundo que nos rodea todos los días. Las opciones saludables nos ayudan a conservar un entorno saludable. Y un entorno saludable también es bueno para la salud.

Cuanto más conscientes seamos de los efectos de nuestras elecciones, más inteligentes serán. Como consumidores que pueden pensar y razonar, debemos desarrollar la capacidad de ver el mundo tal como es. Después de todo, de eso se trata la ciencia.

Piensa como un científico

¿Cuál es la mejor manera de ayudar a la descomposición de los alimentos? ¡Experimenta y averígualo!

Qué conseguir

- 3 frascos transparentes
- agua
- basura, como las tapas de botellas de plástico
- comida
- lombrices
- marcador
- pasto y hojas
- tierra

Qué hacer

1. Llena cada frasco con unas dos pulgadas de tierra húmeda. Rotula el primer frasco *compost*, el segundo frasco *basura* y el tercero *lombrices*.

2. En los frascos rotulados *compost* y *lombrices*, coloca una capa de pequeños pedacitos de alimento sobre la tierra, una capa de hojas y una capa de pasto en la parte superior.

3. En el frasco rotulado *basura*, coloca una capa de pequeños trozos de basura sobre la tierra.

4. En el frasco rotulado *lombrices*, coloca lombrices en la parte superior de las briznas de pasto.

5. Deja los frascos abiertos sobre la repisa de la ventana por dos semanas. Observa los frascos cada tres días y registra tus observaciones en un cuadro como el que ves a continuación. Asegúrate de poner un poco de agua en los frascos una vez por semana. ¿Qué cambios puedes observar? ¿En qué se parecen y se diferencian los materiales en los frascos?

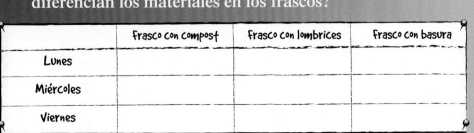

	Frasco con compost	Frasco con lombrices	Frasco con basura
Lunes			
Miércoles			
Viernes			

Glosario

carnívoros: seres vivos que comen carne

carroñeros: animales que se alimentan de animales muertos o en descomposición

ciclo de los nutrientes: el movimiento o intercambio de sustancias que necesitan los seres vivos para crecer

clorofila: la sustancia verde de las plantas que hace que sea posible elaborar glucosa a partir de dióxido de carbono

consumo: el acto de comer o beber algo

depende: está conexo o controlado por otra cosa

descomponen: se desintegran lentamente

energía: la potencia que puede utilizarse para hacer algo

estabilidad: la calidad o estado de algo que no cambia con facilidad

fotosíntesis: el proceso en el que las plantas usan la luz solar para mezclar agua y dióxido de carbono para producir su propio alimento (glucosa)

herbívoros: seres vivos que comen plantas

irradia: envia energía en la forma de rayos u ondas

nutrientes: sustancias que necesitan los seres vivos para crecer

omnívoros: seres vivos que comen tanto carne como plantas

productores: seres vivos que producen su propio alimento

tejidos: materiales que conforman las partes de las plantas o los animales

Índice

¡Tu turno!

Señales de la descomposición

Elige un espacio al aire libre y mira a tu alrededor. ¿Qué señales ves de vida en descomposición? ¿Cómo se ve? ¿A qué huele? ¿Emite calor? Averigua cuántas señales de descomposición puedes ver.